교과서 따라
바르게 쓰기
2

아이앤북
I & BOOK

머리말

　말을 배우기 시작한 지 얼마 안 되어 어느 날 갑자기 하고 싶던 말이나 단어가 불현듯 입 밖으로 나왔을 때, 부모와 아이 모두가 기쁨에 휩싸였던 순간을 우리는 기억합니다. 누구나 다 겪는 과정이라고 가볍게 보아 넘길 수도 있지만, 굳이 의미를 부여한다면 '문화적 충격'이라고 표현할 수 있겠습니다. 비로소 의사 소통의 단계로 접어들었고, 자신이 속한 테두리나 그 사회의 문화에 온전히 진입했음을 의미하기 때문입니다.

　글자를 깨우치는 과정도 이와 마찬가지입니다. 깨우치는 순간의 느낌은 경이로움 그 자체입니다. 최초로 학습 능력을 인정받았다는 기쁨과 함께, 서툴더라도 스스로 문화를 생산할 만큼 성숙 단계로 접어들었음을 의미합니다.

　이처럼 말과 언어가 지닌 가치는 무한한 것이라고 할 수 있겠습니다. 그럴수록 정확하고 엄격하고 철저하지 않으면 안 되고, 더욱이 그것에 걸맞는 학습의 방법과 학습 도구의 질이 요구됩니다. 세계적으로 그 유래를 찾을 수 없을 만큼 과학적이고 독창적인 문자 체계를 가진 한글의 특성상 읽기의 익숙함보다 쓰기의 익숙함에는 많은 시간과 학습을 필요로 하고 있습니다.

　이 책은 이런 점에 유의하여 쓰기 학습의 어려운 과정을 어린이 스스로가 잘 따라갈 수 있도록 만들었습니다. 또한, 제시한 예문들은 효과적인 쓰기 학습과 함께 생각도 쑥쑥 자랄 수 있도록 정성을 기울였습니다.

　아무쪼록 이 책을 접하는 모든 아이들과 부모님들에게 그 느낌, 그 소중함이 고스란히 전달되길 기원합니다.

이 책의 특징

● ● ● ● ● ● 초등학교 국어 과목은 말하기, 듣기, 읽기, 쓰기 4개의 영역으로 나누어져 각각 별도의 교육 과정을 가진 중요 과목입니다. 〈교과서 따라 바르게 쓰기〉는 초등학교 교육 과정에 따라 1~2학년 말하기, 듣기, 읽기, 쓰기 교과서의 내용을 골고루 담고 있으므로 단순하게 글자만 따라 쓰는 쓰기책과는 구별됩니다.

● ● ● ● ● ● 〈교과서 따라 바르게 쓰기〉는 초등학교 교과서의 예문들을 중심으로 테마별로, 요소별로 나누어 난이도에 따라 구성되었습니다. 교과서 예문을 연습하며 더욱 교과서와 친숙해질 수 있도록 구성되었습니다.

● ● ● ● ● ● 〈교과서 따라 바르게 쓰기〉는 초등학교 교과서에서 제시된 그림을 참고로 하여 그림을 그려 넣었습니다. 시각적인 이해를 도와 쓰기 활동을 즐겁고 자발적으로 연습할 수 있습니다.

● ● ● ● ● ● 〈교과서 따라 바르게 쓰기〉는 낱말과 문장, 그리고 내용에 따라 적절하게 쓰기 활동을 할 수 있도록 구성되었습니다. 바른 글씨 연습은 물론 원고지의 올바른 사용법도 함께 익힐 수 있습니다.

● ● ● ● ● ● 〈교과서 따라 바르게 쓰기〉는 초등학교 교과서에서 제시된 핵심 포인트와 중요 문제들을 다룬 부록 '글쓰기가 재미있어요'를 제시하였습니다. 글쓰기의 기본이 되는 생각을 정리하고, 표현하고, 구성하는 종합적인 능력을 키울 수 있습니다.

ㄲ, ㄸ, ㅃ, ㅉ을
바르게 써 봅시다.

| 짝꿍 | 쪽지 | 딸기 | 빛깔 |

| 솥뚜껑 | 깍두기 | 빨간색 |

ㄲ, ㄸ, ㅃ, ㅉ을 넣어
문장을 써 봅시다.

● 큰 소리로 읽으며 글을 써 봅시다.

음식은 꼭꼭 씹어
먹어요.

비가 와서 재빨리
우산을 꺼냈어요.

꾸며 주는 말을 넣으면
이야기가 더 재미있습니다.

● 꾸며 주는 말을 넣은 글을 써 봅시다.

예쁜 코스모스가 울긋불긋 피어 있습니다.

빨간 고추잠자리가 빙글빙글 날아다닙니다.

꾸며 주는 말을 넣으면 이해하기가 더 쉽습니다.

● 꾸며 주는 말을 넣은 글을 써 봅시다.

파란 하늘에 솜사탕 같은 뭉게구름이 둥실둥실 떠 가고 시원한 바람이 솔솔 불어 옵니다.

꾸며 주는 말을 넣으면
이야기가 더 재미있습니다.

● 옛날 이야기를 읽고 글을 써 봅시다.

선문대 할망이 넓은 치마폭에 흙을 담아요.

첨벙첨벙 바다를 건너요.

꾸며 주는 말을 넣으면 이해하기가 더 쉽습니다.

● 옛날 이야기를 읽고 글을 써 봅시다.

그리고 백록담에 털썩 주저앉아 빨래를 합니다.

한라산은 제주도에 있는 산입니다.

가리키는 말을 알아봅시다.

| 이것 | 저것 | 그것 | 이 쪽 |

| 저 쪽 | 여기 | 저기 | 거기 |

| 이 사람 | 저 사람 |

● 가리키는 말에 주의하며 글을 써 봅시다.

　엄마와　시장에　갔어요.　여기저기　많은 물건들이　주인을 기다리고　있었어요.
　길　건너　저쪽에는　강아지들이　장난을　치고　있어요.

가리키는 말을 넣으면
긴 말이 짧게 줄어듭니다.

● 가리키는 말에 주의하며 글을 써 봅시다.

"엄마, 이것 사 주세요."

"글쎄 뭐가 좋을까? 저것도 참 맛있겠구나."

가리키는 말을 넣으면
긴 말이 짧게 줄어듭니다.

● 가리키는 말에 주의하며 글을 써 봅시다.

어머니께서 멀리 놓인 포도를 가리키셨어요.

가리키는 말이 무엇을
가리키는지 생각하며 읽어 봅시다.

● 가리키는 말에 주의하며 글을 써 봅시다.

비가 그치면 아름다운 무지개가 생겨요.

이것은 비가 그친 뒤 태양의 반대 방향에 나타납니다.

● 가리키는 말에 주의하며 글을 써 봅시다.

　　태풍이　부는　날은
정말　무서워요.

　　이것이　지나갈　때
마다　많은　사람들이
다치거나　집들이　부
서져서　너무　속상해
요.

글쓰기가 재미있어요.

● 다음 글을 읽고 '이것'이 무엇인지 생각하며 써 보세요.

- 이것은 사람과 비슷하지만 사람이 아닙니다.
- 이것은 눈을 굴려서 만듭니다.
- 이것은 겨울철에 볼 수 있습니다.

이것은 무엇일까요? _____

● 다음 글을 읽고 '이것'이 무엇인지 생각하며 써 보세요.

- 이것은 우리 몸에서 만들어집니다.
- 이것은 소리도 나고 가끔 냄새도 납니다.
- 보리밥을 먹으면 이 냄새가 더 강해집니다.

이것은 무엇일까요? _____

● 내가 좋아하는 동물을 생각하며 빈 곳을 채우세요.

- 이것은 _____
- 이것은 _____
- 이것은 _____

이것은 무엇일까요? _____

글쓰기가 재미있어요.

● 다음 글에서 틀린 글자를 찾아 바르게 고쳐 써 보세요.

> 나무는 우리에게 만은 혜택을 줍니다.
> 나무는 공기를 말게 합니다.
> 그것이 많은 곳은 공기도 맑고, 홍수나 가뭄을 맙글 수도 있습니다.
> 만약 나무가 업다면 우리는 많은 불편을 격을 것입니다.
> 나무가 배푸는 혜택을 누리기 위해서 우리는 꾸준이 나무를 심고 가꾸어야 합니다.

만은 →	많은
말게 →	
맙글 →	
업다면 →	
격을 →	
배푸는 →	
꾸준이 →	

방향을 나타내는 말을 배워 봅시다.

앞	뒤	위	옆	끝	가운데
앞	뒤	위	옆	끝	가운데
앞	뒤	위	옆	끝	가운데
앞	뒤	위	옆	끝	가운데
앞	뒤	위	옆	끝	가운데

아래	오른쪽	왼쪽
아래	오른쪽	왼쪽
아래	오른쪽	왼쪽
아래	오른쪽	왼쪽
아래	오른쪽	왼쪽

방향을 나타내는 말을
넣어 이야기해 보세요.

● 방향을 나타내는 말에 주의하며 글을 써 봅시다.

책상 위에 책이 놓여져 있습니다.

책상 옆에는 내 옷이 걸려 있습니다.

사물에는 그 사물을 세는
알맞은 단위가 있어요.

● 알맞은 단위를 써 봅시다.

꽃 한 송이

나무 세 그루

자동차 네 대

감 다섯 개

뱀 여섯 마리

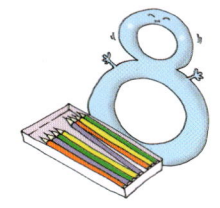

사물마다 세는 단위를 구별하여 씁니다.

● 알맞은 단위를 넣은 글을 써 봅시다.

필통에는 연필이 여덟 자루 있어요.

장미꽃이 두 송이 피었어요.

같은 말이지만 어른께는
존대어를 씁니다.

● 존대어가 들어간 글을 써 봅시다.

"아버지, 진지 많이 드세요."

"아주머니, 댁은 어디신가요?"

존대어를 사용하는 것은
중요한 언어 예절입니다.

● 존대어가 들어간 글을 써 봅시다.

할아버지께서는 연세가 많으십니다.

하실 말씀이 있으시면 남겨 주세요.

● 지나간 일을 나타내는 글을 써 봅시다.

어제, 그저께, 지난 밤, 며칠 전이란 말은 모두 과거예요.

어제 과자를 먹었어요.

며칠 전 옷을 샀어요.

과거, 현재, 미래를 나타내는 말에 따라 쓰는 말이 다릅니다.

● 지금 일어나는 일을 글로 써 봅시다.

오늘이나 지금이란 말은 현재예요.

지금 비가 내려요.

오늘 눈이 펑펑 옵니다.

움직이는 말(동사)도 과거, 현재, 미래에 따라 달라집니다.

● 다가올 미래의 일을 글로 써 봅시다.

내일, 앞으로, 모레 란 말은 미래예요.

내일 사과를 먹을 래요.

모레 만나요.

글쓰기가 재미있어요.

〈 십자말 풀이를 하여 봅시다 〉

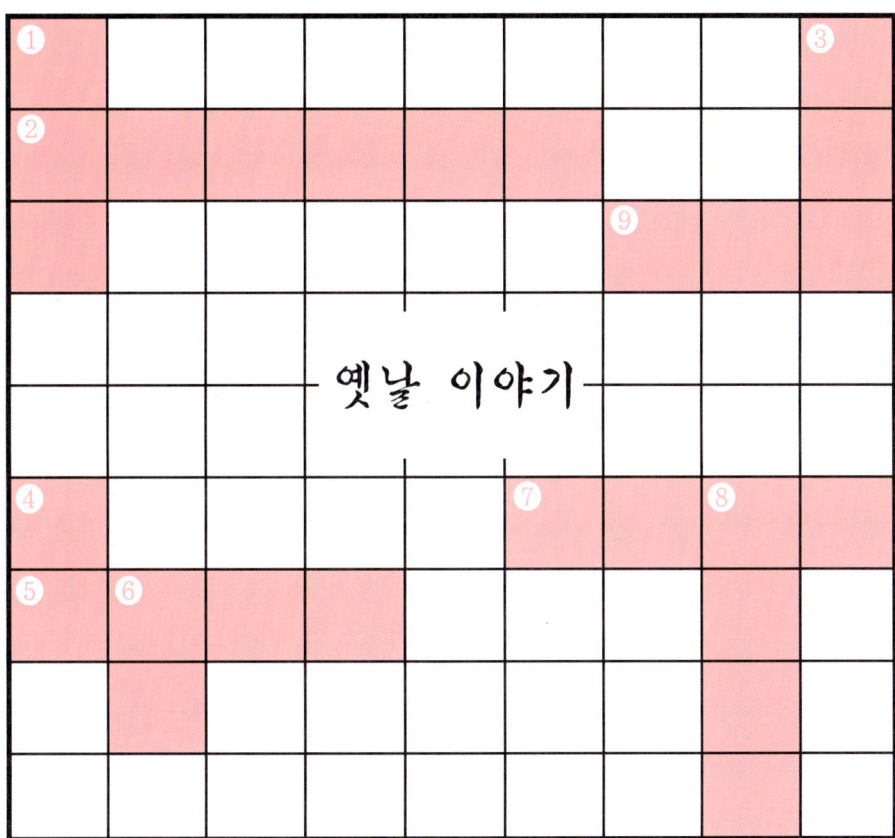

〈 가로 열쇠 〉

2. 목욕하는 선녀의 옷을 숨긴 나무꾼 이야기
5. 엄마 말을 듣지 않다가 엄마가 돌아가신 뒤에 비만 오면 우는 동물
7. 효성이 지극한 아들 7명이 죽어서 7개의 별이 되었는데, 그 별의 이름
9. 도깨비들이 가지고 다닌다는 요술 힘을 가진 도깨비 ○○○

〈 세로 열쇠 〉

1. 임금님 귀가 점점 커져서 ○○○처럼 되었다는 이야기
3. 해와 달이 된 오누이의 엄마를 잡아먹은 동물
4. 눈 먼 아버지를 위해 바다에 뛰어든 효녀의 이름.
6. 도깨비 집에서 깨문 열매 이름
8. 견우와 직녀가 일 년에 한 번 만나는 날

우리 나라의 옛날 시를
읽어 보세요.

● 옛날 놀이 동요를 큰 소리로 읽어 보세요.

꼭꼭 숨어라
꼼꼼 찾아라
개미가 물어도
모기가 물어도
벼룩이 물어도
꼭꼭 숨어라
꼭꼭 숨어라
꼼꼼 찾아라
개미가 물어도
모기가 물어도
벼룩이 물어도
꼭꼭 숨어라

28

제목 : 오우가
지은이 : 고산 윤선도

● 옛날 시에 담긴 뜻을 생각하며 써 봅시다.

더우면 꽃 피고
추우면 잎 지거늘

솔아 너는 어찌
눈서리를 모르느냐

구천에 뿌리 곧은
줄을 그로 하여 아
노라.

계절의 특징을 설명하는
말을 생각해 보세요.

● 계절에 대한 글을 써 봅시다.

새싹이 파릇파릇
돋아나는 따뜻한 봄

햇볕이 쨍쨍 내리
쬐는 더운 여름

계절의 특징을 설명하는 말을 생각해 보세요.

- 계절에 대한 글을 써 봅시다.

　바람이　솔솔　부는
시원한　가을

　흰　눈이　펑펑　내
리는　추운　겨울

친구를 사귀는 일은
즐겁습니다.

● 친구를 소개하는 글을 써 봅시다.

　　내가　가장　좋아하는　친구는　옆집 사는　백승훈입니다.

　　승훈이는　책에서 읽은　이야기를　재미있게　들려 줍니다.

어떤 친구를 만나 친해지면 나도 모르게 닮습니다.

● 좋은 친구에 대한 글을 써 봅시다.

좋은 친구는 다른 사람이 하는 말을 잘 듣습니다.

그리고, 친구에게 먼저 도움을 주려고 노력합니다.

기와집은 우리 조상들이
살던 집의 하나입니다.

● 기와집에서 볼 수 있는 것을 써 봅시다.

지붕이 기와로 덮여 있어요.

제비가 처마 밑에 집을 지었어요.

기와, 처마, 주춧돌, 섬돌의 뜻을 알아보세요.

● 기와집에서 볼 수 있는 것을 써 봅시다.

주춧돌이 기둥을 받치고 있어요.

신발이 섬돌 위에 놓여 있어요.

전래 동요는 옛날부터
전해 내려오는 아이들의
노래입니다.

● 옛날부터 전해 내려오는 재미있는 노래를 써 보세요.

둥개 둥개 둥개야
두둥 둥개 둥개야

날아가는 학선아
구름 밑에 신선아

전래 동요는 옛날부터 전해 내려오는 아이들의 노래입니다.

● 옛날부터 전해 내려오는 재미있는 노래를 써 보세요.

얼음 밑에 수달피
썩은 나무 붕엉이

둥개 둥개 둥개야
둥개 둥개 둥개야

글쓰기가 재미있어요.

● 말소리의 길이에 주의하며 다음 낱말의 발음을 정확하게 읽고 써 보세요.

❶ 발을 씻고 들어가 방문에 발ː을 쳤어요.

	발	을		씻	고		들	어	가
	방	문	에		발	을		쳤	어	요.

❷ 눈ː이 많이 내려서 눈을 뜰 수 없어요.

	눈	이		많	이		내	려	서
	눈	을		뜰		수		없	어	요.

글쓰기가 재미있어요.

● 보기와 같이 문장의 밑줄 그은 부분에 알맞은 낱말을 써 봅시다.

보기

선생님께서는 우리를 열심히 <u>가르쳐</u> 주십니다.
(가리쳐 / 가르쳐)

① 내 친구 중에는 나보다 키가 _____ 친구가 많습니다.
(작은 / 적은)

나는 형보다 나이가 _____
(작습니다 / 적습니다)

② 내 동생은 자기 물건을 가끔 _____
(잃어버립니다 / 잊어버립니다)

나는 가끔 약속 시간을 _____
(잃어버립니다 / 잊어버립니다)

③ 이 의자는 모양이 _____ 값은 같습니다.
(다르지만 / 틀리지만)

용돈 쓴 것을 더해 보니 계산이 _____
(틀렸습니다 / 달랐습니다)

사람이 많이 모인
곳에서는 조심합시다.

● 나들이 가서 조심할 일을 써 봅시다.

　　집　주소와　전화
번호를　적어　가져 갑
니다.

　　집　주소와　전화
번호를　적어　가져 갑
니다.

　　부모님과　함께　다
닙니다.

　　부모님과　함께　다
닙니다.

같이 간 일행과 떨어지지 않도록 주의합시다.

● 나들이 가서 조심할 일을 써 봅시다.

가족과 헤어지게 되었을 때는 경찰관 아저씨께 또박또박 말하고 도움을 청합니다.

자연을 아끼는 마음을
가져야 합니다.

● 자연보호에 대한 글을 써 봅시다.

저는 우리 반 친구들이 꽃을 함부로 만지거나 꺾어서는 안 된다고 생각합니다.

저는 우리 반 친구들이 꽃을 함부로 만지거나 꺾어서는 안 된다고 생각합니다.

자연보호를 실천하도록 노력합시다.

● 자연보호에 대한 글을 써 봅시다.

꽃을 함부로 다루면 금방 시들거나 죽어 버립니다.

앞으로, 꽃을 아끼는 마음을 가져야 합니다.

교통 법규는 다 같이
지켜야 할 약속입니다.

● 교통 법규에 대한 글을 써 봅시다.

　　신호등이　초록불로
바꿨었다고　급하게
뛰어　건너면　매우
위험합니다.

　　신호등이　초록불로
바꿨었다고　급하게
뛰어　건너면　매우
위험합니다.

교통 법규를 언제나
잘 지킵시다.

● 교통 법규에 대한 글을 써 봅시다.

　　신호등이　바꾸면
왼쪽,　오른쪽을　잘
살피고　천천히　건너
갑니다.

생각을 잘 표현하려면
책을 많이 읽어야 합니다.

● 왜 그런지 이유를 생각하며 글을 써 봅시다.

청소를 깨끗이 하면 기분이 좋아지고, 나쁜 병도 예방할 수 있습니다.

청소를 깨끗이 하면 기분이 좋아지고, 나쁜 병도 예방할 수 있습니다.

생각이 잘 드러나도록
글을 쓰려면 알맞은
이유를 드는 것이
중요합니다.

● 왜 그런지 이유를 생각하며 글을 써 봅시다.

책을 많이 읽으면 생각도 넓어지고, 의견도 새로워집니다.

독서를 많이 하는 어린이가 됩시다.

생각이 잘 드러나도록 글을 쓰려면 알맞은 이유를 드는 것이 중요합니다.

● 이유가 드러나는 문장을 써 봅시다.

쓰레기를 분리 수거하면 재활용을 많이 할 수 있어서 절약이 되고, 환경도 깨끗해집니다.

● 이유가 드러나는 문장을 써 봅시다.

불량 식품을 파는 어른이 없었으면 좋겠어요.

왜냐 하면 나쁜 질병에 걸려 건강을 해칠 수 있기 때문이에요.

● 이유가 드러나는 문장을 써 봅시다.

학교 앞길에 차가 다니지 않으면 좋겠다.

왜냐하면 친구들이 지나가는 차를 미처 못 볼 수도 있기 때문이다.

생각이 잘 드러나도록 글을 쓰려면 알맞은 이유를 드는 것이 중요합니다.

● 이유가 드러나는 문장을 써 봅시다.

용돈을 규칙적으로 받으면 좋겠다.

그러면 계획을 세워서 용돈을 쓸 수 있고 저금도 더 많이 할 수 있다.

글쓰기가 재미있어요.

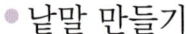

- 낱말 만들기

- 아래 글자 중에서 파란색 글자를 첫 글자로 하여 낱말을 만들어 보세요.
  두 글자나 세 글자를 모으면 한 낱말이 됩니다. 한 번 사용한 글자는 지우세요.

경	절	호	관	쓰	린	재
신	구	기	약	이	기	각
찰	레	용	친	용	목	강
욕	어	활	분	탕	등	동
건	화	생	책	돈	독	서

- 두 글자로 된 낱말 : 기분

- 세 글자로 된 낱말 : 쓰레기

글쓰기가 재미있어요.

● 우리 집에서 보는 신문을 펼치고 읽어 보세요.
신문에서 알게 된 새 소식이나 재미있는 기사를 오려서 붙이세요.

● 내가 오린 글은 무엇에 대한 이야기인가요?

● 이 글을 읽고 새롭게 알게 된 것이나 재미있는 것을 간단히 적어 보세요.

나무 타령

나무 나무 무슨 나무
가자 가자 감나무
오자 오자 옻나무
십 리 절반 오리나무
아흔 아홉 백양나무
방귀 뀌는 뽕나무
바람 솔솔 소나무
늙었구나 느릅나무
시름시름 시무나무
귀신 쫓는 복숭아나무
깔고 앉자 구기자나무
마당 쓸어 싸리나무
마주섰다 전나무
낮에 봐도 밤나무

전래 동요를 읽고 써 보세요.

● 전래 동요를 읽고 써 봅시다.

나무 타령

나무 나무 무슨 나무
가자 가자 감나무
오자 오자 옻나무
십 리 절반 오리나무
아흔 아홉 백양나무
방귀 뀌는 뽕나무
바람 솔솔 소나무
늙었구나 느름나무
시름시름 시무나무
귀신 쫓는 복숭아나무
깔고 앉자 구기자나무
마당 쓸어 싸리나무
마주 섰다 전나무
낮에 봐도 밤나무

사람의 이는 유치(젖니)에서
영구치로 바뀝니다.

● 이를 뺀 기억을 떠올리며 글을 써 봅시다.

흔들리는 이를 보시더니 아버지께서 빼 주겠다고 하셨습니다.

영구치는 6살 때부터 나기 시작하여 모두 날 때까지 약 6년이 걸립니다.

● 이를 뺀 기억을 떠올리며 글을 써 봅시다.

> 이에 실을 묶어 길게 늘이고 창문 밖 먼 산을 보라고 하셨습니다.

영구치는 모두 32개로서 유치 30개와 입 안쪽에 2개의 영구치가 있습니다.

● 이를 뺀 기억을 떠올리며 글을 써 봅시다.

나는 겁이 많이 났지만 천천히 고개를 창문 쪽으로 돌렸습니다.

초등학교 1학년이 되면 젖니가 빠지기 시작해서 6학년이 되면 영구치가 모두 나옵니다.

● 이를 뺀 기억을 떠올리며 글을 써 봅시다.

　그　때, 아 버 지 께 서
실 을　 당 기 셨 고, 흔 들
리 던　 이 가　 쑥　 빠 져
버 렸 습 니 다.

　그　때, 아 버 지 께 서
실 을　 당 기 셨 고, 흔 들
리 던　 이 가　 쑥　 빠 져
버 렸 습 니 다.

영구치 중에서
송곳니는 끝이
뾰족하고 가장 깁니다.

● 이를 뺀 기억을 떠올리며 글을 써 봅시다.

무서웠지만 꾹 참고 견디었습니다.

이가 빠진 자리에 살짝 혀를 밀어넣어 보았습니다.

영구치를 잘 관리하려면
양치질을 잘 해야 됩니다.

● 이를 뺀 기억을 떠올리며 글을 써 봅시다.

말을 할 때마다 자꾸 혀가 이 빠진 자리로 들어갔습니다.

잇몸 아래로 새로 나오는 이가 느껴졌습니다.

글쓰기가 재미있어요.

● 아래의 질문을 읽고 떠오르는 낱말을 써 봅시다.

손으로 만질 수
없는 것은 무엇일까요?

나보다 몸집이 작은
것은 무엇일까요?

매일매일 꼭 필요한
것은 무엇일까요?

글쓰기가 재미있어요.

- 텔레비전에는 재미있는 상품 광고가 많이 나옵니다.
  가장 기억에 남는 광고를 떠올리고 아래의 빈 곳에 적어 보세요.

- 제일 기억에 남는 광고는 무엇을 알리는 것이었나요?

- 내가 좋아하는 광고를 순서대로 5개 적어 보세요.

  ①
  ②
  ③
  ④
  ⑤

속담은 우리들에게
교훈을 줍니다.

● 속담의 교훈을 생각하며 글을 써 봅시다.

벼는 익을수록 고개를 숙인다.

웃는 얼굴에 침 뱉으랴.

아니 땐 굴뚝에 연기 나랴.

속담은 옛적부터 전해 오는 알기 쉬운 교훈입니다.

● 속담의 교훈을 생각하며 글을 써 봅시다.

구더기 무서워 장 못 담글까?

굼벵이도 구르는 재주가 있다.

가랑비에 옷 젖는 줄 모른다.

속담은 우리들에게
교훈을 줍니다.

● 속담의 교훈을 생각하며 글을 써 봅시다.

서당개 삼 년이면 풍월을 읊는다.

말 한 마디로 천 냥 빚을 갚는다.

소 잃고 외양간 고친다.

속담은 옛적부터 전해 오는 알기 쉬운 교훈입니다.

● 속담의 교훈을 생각하며 글을 써 봅시다.

가는 말이 고와야 오는 말이 곱다.

사공이 많으면 배가 산으로 간다.

하룻강아지 범 무서운 줄 모른다.

● 책읽기의 소중함에 대한 글을 써 봅시다.

책에는 많은 것이 담겨 있습니다.

책에는 많은 것이 담겨 있습니다.

우리가 알고 싶은 것, 배우고 싶은 것들은 모두 책을 통해서 얻을 수 있습니다.

우리가 알고 싶은 것, 배우고 싶은 것들은 모두 책을 통해서 얻을 수 있습니다.

좋은 글을 쓰려면 책을
많이 읽어야 합니다.

● 책읽기의 소중함에 대한 글을 써 봅시다.

책을 많이 읽으면 생각이 풍부해지고, 글도 잘 쓸 수 있게 됩니다.

책 속에는 우리 생각보다 훨씬 많은 정보가 들어 있습니다.

● 물고기에 관한 글을 써 봅시다.

　　연어는　몸길이가
약　70 cm이며, 빛깔은
등쪽이　남회색이고
배쪽은　은백색이다.

책 속에는 우리 생각보다 훨씬 많은 정보가 들어 있습니다.

● 물고기에 관한 글을 써 봅시다.

봄에 알에서 부화한 연어는 바다로 내려가서 3~4년 자라 태어난 강으로 되돌아온다.

글쓰기가 재미있어요.

내가 아끼는 사진을 1장 골라 붙이고
사진의 내용을 자세하게 글로 써 보세요.

- 사진 붙이는 곳

- 사진의 내용을 알리는 글을 써 보세요.

글쓰기가 재미있어요.

만일 내 방을 새로 꾸민다면 어떻게 바꾸고 싶나요?
바꾸고 싶은 것을 생각하여 적어 보세요.

- 나는 내 방을 이렇게 꾸미고 싶어요.
  내가 생각한 내 방을 그려 보세요.

- 내가 꾸미고 싶은 내 방에 대해 글로 써 보세요.

책을 읽으면 새로운 사실이나 정보를 많이 알게 됩니다.

● 선인장에 대한 글을 써 봅시다.

　선인장은 잎이 없고 큰 줄기가 특징이다.

　줄기와 가지는 짙은 녹색이다.

책을 읽으면 새로운 사실이나 정보를 많이 알게 됩니다.

● 선인장에 대한 글을 써 봅시다.

　　모양은　타원형, 또는　달걀을　거꾸로　세운　모양으로　편평하다.

책을 읽으면 새로운 사실이나 정보를 많이 알게 됩니다.

● 선인장에 대한 글을 써 봅시다.

1~3cm의 가시가 2~5개씩 돋아 있고 바로 옆에는 털이 촘촘히 나 있다.

책을 읽으면 새로운 사실이나 정보를 많이 알게 됩니다.

● 선인장에 대한 글을 써 봅시다.

오래 된 것은 나무처럼 굵어지며 편평한 가지가 사방으로 퍼진다.

우표는 우편물에
붙이는 작고 네모난
모양입니다.

● 우표에 대한 글을 읽고 써 봅시다.

처음 우표가 만들어졌을 때는 국가 원수의 초상, 숫자 등이 주류를 이루었습니다.

우표는 여러 가지
내용으로 꾸며집니다.

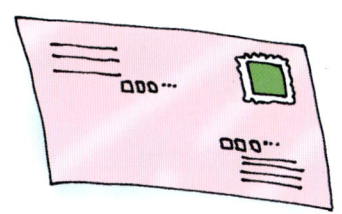

● 우표에 대한 글을 읽고 써 봅시다.

우표가 세계 각지로 널리 유포되는 점을 착안하여 각 나라마다 멋있고 아름다운 우표를 만들기 위해 노력합니다.

김치는 우리 나라 조상들이 즐겨 먹던 음식입니다.

● 김치에 대한 나의 생각을 써 봅시다.

　　나는 김치를 좋아합니다.

　　김치는 여러 가지 종류가 있어서 입맛에 따라 골라 먹을 수 있습니다.

김치는 우리 나라 조상들이 즐겨 먹던 음식입니다.

| 백김치 | 깍두기 | 동치미 |

| 갓김치 |  | 겉절이 |

| 배추김치 | 열무김치 |

들풀은 혼자서도
잘 자랍니다.

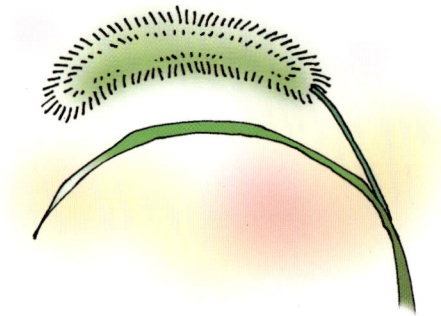

● 강아지풀에 대한 글을 써 봅시다.

이 풀의 이름은
강아지풀입니다.

이삭이 강아지 꼬
리를 닮아서 강아지
풀이라고 부릅니다.

들풀은 혼자서도 잘 자랍니다.

● 강아지풀에 대한 글을 써 봅시다.

개꼬리풀이라고도 합니다.

한여름에 녹색 또는 자주색의 작은 꽃이 핍니다.

들풀은 혼자서도
잘 자랍니다.

● 강아지풀에 대한 글을 써 봅시다.

　　강아지풀은　소가
좋아하는　먹이입니다.

　　그리고　강아지풀
이삭은　새의　모이가
되기도　합니다.

들풀은 혼자서도
잘 자랍니다.

● 강아지풀에 대한 글을 써 봅시다.

　　강아지풀은　길가나
들에서　흔히　볼　수
있습니다.

　　옛날에는　약으로도
사용했다고　합니다.

어름치는 잉어과의 민물고기로 1978년 천연기념물 제 259호로 지정되었습니다.

● 어름치에 대한 글을 써 봅시다.

어름치는 맑은 물에 사는 물고기입니다. 4월이나 5월이 되면 자갈을 입으로 물어다 강바닥에 모읍니다.

어름치의 몸길이는 15~40cm이며 옆으로 납작합니다.

● 어름치에 대한 글을 써 봅시다.

어름치는 왜 강바닥에 자갈을 모을까요? 어름치는 그곳에 알을 낳기 때문입니다.

어름치의 몸빛깔은 은백색으로 등쪽은 짙은 갈색이며 배쪽은 흰색입니다.

● 어름치에 대한 글을 써 봅시다.

어름치는 비가 많은 해에는 자갈을 강의 가장자리에 모읍니다. 그리고 비가 적은 해에는 강 한가운데에 모읍니다.

큰 강의 중, 상류에 살며 육식성으로 주로 수생 곤충을 먹고 갑각류나 그 밖의 물고기도 잡아먹습니다.

● 어름치에 대한 글을 써 봅시다.

어름치는 그 모양이나 행동이 특이하고 환경에 민감하여 멸종되는 것을 막고자 천연기념물로 지정되었습니다.

글쓰기가 재미있어요.

- 다음 낱말 묶음을 큰 소리로 읽어 보세요.
  어울리지 않는 낱말을 하나씩 찾아 ☐ 안에 적어 보세요.

- 내가 알고 있는 낱말들을 가지고 빈 칸을 채워 보세요.

글쓰기가 재미있어요.

- 전래 동화 중에서 제일 재미있게 읽은 이야기를 생각하여 아래의 빈 곳에 알맞게 써 보세요.

- 제일 재미있는 전래 동화의 제목을 적어 보세요.

- 누가 누가 나오는 이야기인지 적어 보세요.

- 이야기의 순서를 6개로 간추려 적어 보세요.

①

②

③

④

⑤

⑥

모두 어디에

쌔근쌔근 아기
어디에?
방 안에
고롱고롱 고양이
어디에?
지붕 위에
와글와글 아이들
어디에?
놀이터에

동시를 읽고
써 봅시다.

● 동시를 큰 소리로 읽고 써 봅시다.

모두 어디에

쌔근쌔근 아기
어디에?
방 안에
고록고록 고양이
어디에?
지붕 위에
와글와글 아이들
어디에?
놀이터에.

한복은 중국의 관복 제도를
받아들여 우리 나라
고유의 옷과 조화시키면서
발전되었습니다.

● 한복에 대한 글을 써 봅시다.

한복은 직선과 곡선이 기본을 이루어 옷의 선이 아름답습니다. 특히 여자 옷은 옷차림이 단정하고 아름답습니다.

신분 제도가 엄격했던 옛날에는 한복의 색깔도 나라에서 정하였으므로 함부로 사용할 수 없었습니다.

● 한복에 대한 글을 써 봅시다.

한복은 몸매를 감싸 주므로 체형의 결점을 덮어 줍니다. 작은 사람도 크게 보이고, 마른 사람도 풍성하게 보입니다.

명절에 대한 글을 읽으며 써 봅시다.

단오는 음력 5월 5일입니다.

단오는 음력 5월 5일입니다.

농사일로 힘든 마을 사람들이 모여 씨름도 하고 그네뛰기도 하며 하루를 보냅니다.

농사일로 힘든 마을 사람들이 모여 씨름도 하고 그네뛰기도 하며 하루를 보냅니다.

단옷날에는 그네뛰기가
제일 재미있습니다.

● 명절에 대한 글을 읽으며 써 봅시다.

단옷날 궁중에서는
단오제를 지냈으며
민가에서는 수리취떡
등 맛있는 음식을
만들어 먹었습니다.

● 추석에 대한 글을 써 봅시다.

추석은 음력 8월 15일입니다.

햇곡식과 햇과일로 차례를 지내고, 송편을 먹으며 밝은 보름달 아래서 강강술래를 하며 놉니다.

추석 명절을 다른 표현으로 한가위 라고 합니다.

● 추석에 대한 글을 써 봅시다.

추석날은 아침 일찍 일어나 새 옷으로 갈아 입고 조상에게 정성껏 차례를 지냈습니다.

설날은 우리 나라의
제일 큰 명절입니다.

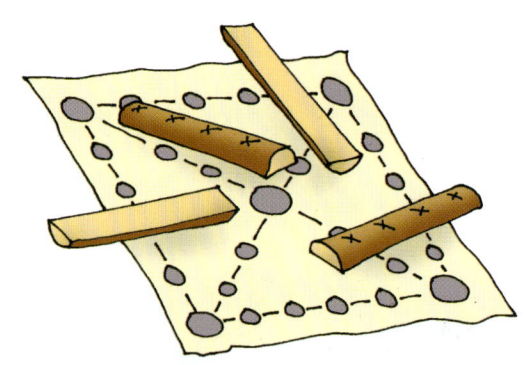

● 설날에 대한 글을 써 봅시다.

설날은 음력 1월 1일입니다.

친척들과 함께 떡국을 먹고 윷놀이도 합니다.

설날은 우리 나라의
제일 큰 명절입니다.

● 설날에 대한 글을 써 봅시다.

설날은 모두 한 살을 더 먹습니다.
가까운 웃어른께 세배를 드리고 덕담을 듣습니다.

석가 탄신일은 불교의 성자이신 부처님의 생일입니다.

● 초파일에 대한 글을 써 봅시다.

석가 탄신일은 음력 4월 8일입니다.

흔히 초파일이라 하여 이 날에는 절을 찾아갑니다.

석가 탄신일은 불교의 성자이신 부처님의 생일입니다.

● 초파일에 대한 글을 써 봅시다.

초파일에는 며칠 전부터 가정이나 절에서 여러 가지 연등을 만들어 밝힙니다.

크리스마스에는
산타 클로스 할아버지가
제일 기다려집니다.

● 크리스마스에 대한 글을 써 봅시다.

크리스마스는 양력
12월 25일입니다.

그리스도의 탄생을
축하하는 날입니다.

가까운 사람끼리
선물을 나눕니다.

크리스마스에는
산타 클로스 할아버지가
제일 기다려집니다.

● 크리스마스에 대한 글을 써 봅시다.

어린이들은 산타 클로스를 기다리며 즐거워합니다.

크리스마스 트리를 세우고 예쁜 장식으로 꾸밉니다.

글쓰기가 재미있어요.

- 다음 글을 읽고, 물음에 알맞은 답을 적어 보세요.

> 은아는 자전거를 잘 타는 언니와 오빠를 부러워하였습니다. 은아는 열심히 연습해서 자전거를 탈 수 있게 되었습니다. 자전거를 혼자 힘으로 탈 수 있게 되었을 때 은아는 무척 기뻤습니다.

❶ 은아는 무슨 일을 했나요?

❷ 은아는 왜 기뻤을까요?

❸ 여러분도 혼자 힘으로 해 본 일이 있나요?
  혼자 힘으로 한 일을 생각하여 적어 보세요.

❹ 혼자 힘으로 하고 나서 여러분이 느낀 생각을 적어 보세요.

글쓰기가 재미있어요.

● 다음 글을 읽고, 내 얼굴에 대해 생각해 보고 느낌이 잘 드러나도록 적어 보세요.

내 얼굴은

꼬불꼬불 곱슬머리에

넓은 이마,

코 끝에 까만 점,

위로 올라간 두 눈,

가만히 쳐다보면 화가 난 것 같아요.

서경덕(1489~1546)은
조선 시대 중기의
대표적인 유학자입니다.

● 서경덕이 한 일을 생각하며 글을 써 봅시다.

　조선　시대의　유명한　학자인　서경덕 선생이　어렸을　때의 일입니다.

가난한 집에서 태어났지만 열심히 공부하여 훌륭한 사람이 되었습니다.

● 서경덕이 한 일을 생각하며 글을 써 봅시다.

어느 날 훈장님이 서경덕을 불러 선반 위에 있는 책을 내려오라고 하셨습니다.

서경덕은 나라를 위해서
훌륭한 일을 많이 했습니다.

● 서경덕이 한 일을 생각하며 글을 써 봅시다.

　　서경덕은 선반 위에 놓인 책 위를 회초리로 쓸어 무언가 걸리자 밖으로 나가 발판을 가지고 들어왔습니다.

서경덕은 훌륭한 학자이면서 시와 그림 솜씨도 뛰어났던 우리 나라 대표적인 선비입니다.

● 서경덕이 한 일을 생각하며 글을 써 봅시다.

서경덕은 발판을 딛고 올라서서 그릇을 내리고 그런 다음 책을 내려 훈장님께 가져다 드렸습니다.

지나치게 서두르거나
조심스럽게 행동하지 않으면
실수를 하기가 쉽습니다.

● 서경덕이 한 일을 생각하며 글을 써 봅시다.

그 그릇은 훈장님이 일부러 책 위에 올려놓은 것이었습니다. 이 광경을 본 친구들은 모두 놀랐습니다.

우리 옛속담에 '돌다리도 두드려 보고 건너라'는 말이 있습니다. 매사에 말과 행동을 조심하라는 뜻입니다.

● 서경덕이 한 일을 생각하며 글을 써 봅시다.

훈장님께서는 매사에 조심성이 많게 행동하는 서경덕을 크게 칭찬하셨습니다.

글쓰기가 재미있어요.

● 어른이 되면 이런 사람이 되고 싶어요.

나는 나는 될 테야,　　　　　　　이(가) 될 테야!

왜 그런 사람이 되고 싶은가요?

글쓰기가 재미있어요.

- 이 세상에서 꼭 닮고 싶은 사람이 있어요.

　　내가 꼭 닮고 싶은 사람이나 좋아하는 위인

　　왜 그런 사람이 되고 싶은가요?

글쓰기가 재미있어요.

● 무엇이든지 2개로 만들어 주는 기계가 있다면 어떤 일을 하고 싶나요?
  또, 무엇을 만들고 싶은지 생각하여 적어 보세요.

글쓰기가 재미있어요.

● 세상에서 가장 빠른 자동차를 갖게 된다면 누구와 함께 어디를 가고 싶나요? 또, 그 곳에서 어떻게 지내고 싶은지 생각하여 적어 보세요.

내 마음대로 글을 써 보아요.

● 바르게 글을 써 보세요.

내 마음대로 글을 써 보아요.

● 바르게 글을 써 보세요.

내 마음대로 글을
써 보아요.

● 바르게 글을 써 보세요.